BEI GRIN MACHT SICH IHR
WISSEN BEZAHLT

- Wir veröffentlichen Ihre Hausarbeit,
  Bachelor- und Masterarbeit

- Ihr eigenes eBook und Buch -
  weltweit in allen wichtigen Shops

- Verdienen Sie an jedem Verkauf

Jetzt bei www.GRIN.com hochladen
und kostenlos publizieren

Bibliografische Information der Deutschen Nationalbibliothek:

Die Deutsche Bibliothek verzeichnet diese Publikation in der Deutschen National-
bibliografie; detaillierte bibliografische Daten sind im Internet über http://dnb.d-
nb.de/ abrufbar.

Impressum:

Copyright © 2008 GRIN Verlag, Open Publishing GmbH
Druck und Bindung: Books on Demand GmbH, Norderstedt Germany
ISBN: 978-3-640-75596-7

Dieses Buch bei GRIN:

http://www.grin.com/de/e-book/159039/die-bedeutung-der-gewerbesteuer-nach-
der-unternehmensteuerreform

Wasilij Philippov

Die Bedeutung der Gewerbesteuer nach der Unternehmensteuerreform

GRIN Verlag

GRIN - Your knowledge has value

Der GRIN Verlag publiziert seit 1998 wissenschaftliche Arbeiten von Studenten, Hochschullehrern und anderen Akademikern als eBook und gedrucktes Buch. Die Verlagswebsite www.grin.com ist die ideale Plattform zur Veröffentlichung von Hausarbeiten, Abschlussarbeiten, wissenschaftlichen Aufsätzen, Dissertationen und Fachbüchern.

Besuchen Sie uns im Internet:

http://www.grin.com/

http://www.facebook.com/grincom

http://www.twitter.com/grin_com

Die Bedeutung der Gewerbesteuer nach der

Unternehmenssteuerreform

Inhaltsverzeichnis

Abbildungsverzeichnis

Tabellenverzeichnis

1. Einleitung

Der Bundestag hat am 25. Mai 2007 das Unternehmensteuerreformgesetz 2008 verabschiedet und es wurde am 17. August 2007 im Bundesgesetzblatt veröffentlicht. Die Ziele der Bundesregierung, die im allgemeinen Teil der Gesetzesbegründung genannt werden, sind:

– „Bekämpfung der Arbeitslosigkeit,

– Abbau der Staatsverschuldung,

– Bewältigung des demografischen Wandels und

– eine intelligente Reaktion auf den Veränderungsdruck der Globalisierung".[1]

Die oben genannten Ziele sollen durch folgende Eckpunkte des Reformvorhabens erreicht werden:

– **Absenkung des nominalen Steuersatzes**[2] für Kapitalgesellschaften von 38,65 % (Thesaurierungsbelastung von Kapitalgesellschaften mit Körperschaftsteuer von 25 %, Solidaritätszuschlag und Gewerbesteuer bei einem Hebesatz von 400 %) auf 29,83 % (Thesaurierungsbelastung mit Körperschaftsteuer 15 %, Solidaritätszuschlag und Gewerbesteuer bei einem Hebesatz von 400 %);[3]

– Verhinderung der Bildung einer hohen Fremdkapitalquote deutscher Unternehmen durch die so genannte **Zinsschranke**;[4]

– **Belastungsneutralität der thesaurierten Gewinne** für die unterschiedlichen Rechtsformen durch die Einführung eines weiteren Steuersatzes (28,25 %) für thesaurierte Gewinne von Personenunternehmen;[5]

– Umgestaltung der **Gewerbesteuer**;

---

[1] BR-Drucks. 220/07, S. 49.

[2] „Nominaler Steuersatz" [Der nominale Steuersatz dient der internationalen Vergleichbarkeit von Steuersätzen und setzt sich in Deutschland aus Einkommen- bzw. Körperschaftsteuer inklusive Solidaritätszuschlag und der Gewerbesteuer zusammen].

[3] Vgl. BR-Drucks. 220/07, S. 50 ff.

[4] Vgl. BR-Drucks. 220/07, S. 53 f.

[5] Vgl. BR-Drucks. 220/07, S. 54 f.

1

- Einführung einer **Abgeltungsteuer** für Zins- und Dividendenerträge sowie für Veräußerungsgewinne von Kapitalanlagen.[6]

In dieser Hausarbeit soll jedoch nur auf die Betrachtung der Gewerbesteuer nach der neuen Unternehmensteuerreform eingegangen werden. Dies geschieht in den drei Hauptkapiteln, in denen auf die Änderungen der Gewerbesteuer (Kapitel 2), die steuerliche Behandlung der Gewerbesteuer im Einkommensteuergesetz (Kapitel 3) und die steigende Bedeutung der Gewerbesteuer im Vergleich zur Körperschaftsteuer (Kapitel 4) näher eingegangen wird.

---

[6] Vgl. BR-Drucks. 220/07, S. 57.

2

2. Änderungen der Gewerbesteuer

Um Deutschland im europäischen Steuerbelastungsvergleich vom Schlusslicht ins Mittelfeld zu befördern, hat die Bundesregierung beschlossen den nominalen Steuersatz von 38,65 % auf 29,83 % zu senken. Diese Steuersenkung wird größtenteils durch Änderungen in der Gewerbesteuer finanziert.[7] Es wurden folgende Änderungen in der Gewerbesteuer vorgenommen:

- im Rahmen des Gewerbeertrags die Hinzurechnungen und Kürzungen;

- Verlustabzug in der Gewerbesteuer;

- der Wegfall des Staffeltarifs[8] für Personenunternehmen;

- Senkung der Steuermesszahl[9] auf einheitlich 3,5 %.

Durch die Änderung der Hinzurechnungen soll das Aufkommen der Gewerbesteuer stabilisiert werden und durch die Abschaffung der Abzugsfähigkeit der Gewerbesteuer als Betriebsausgabe sollen mehr als 10 Milliarden Euro als Gegenfinanzierung für die Senkung des nominalen Steuersatzes dienen.[10]

2.1. Gewerbeertrag

Der Gewerbeertrag laut § 7 GewStG ist der Gewinn, der nach den Vorschriften des Einkommensteuergesetzes bzw. Körperschaftsteuergesetzes ermittelt wurde, vermehrt um die Hinzurechnungen (§ 8 GewStG) und vermindert um die Kürzungen (§ 9 GewStG). Bei einem Gewerbeertrag von 104.500 € ist der Steuermessbetrag für Personenunternehmen nach dem alten und neuen Gewerbesteuergesetz gleich hoch. Sobald jedoch der Gewerbeertrag höher ist als die Grenze von 104.500 €, ist der Steuermessbetrag für Personenunternehmen nach dem neuen Gewerbesteuer-

---

[7] Vgl. BR-Drucks. 220/07, S. 58.

[8] „Staffeltarif" [Mit der Steigerung des Gewerbeertrags um je 12.000 steigt die Steuermesszahl von 1 bis auf max. 5 %].

[9] „Steuermesszahl" [Die Steuermesszahl wird mit dem Gewerbeertrag multipliziert, um auf die Gewerbesteuerzahllast zu kommen].

[10] Vgl. BR-Drucks. 220/07, S. 58 f.

recht vorteilhafter und umgekehrt führt ein Gewerbeertrag unter 104.500 € zu einer Steuererhöhung.[11] Hierzu siehe folgende Tabelle:

	altes Recht	neues Recht
Gewerbeertrag	104.500 €	104.500 €
abzüglich Freibetrag	./. 24.500 €	./. 24.500 €
gekürzter Gewerbeertrag	80.000 €	80.000 €
Steuermesszahl		3,5 %
ersten 12.000 € (1 %)	120 €	
weitere 12.000 € (2 %)	240 €	
weitere 12.000 € (3 %)	360 €	
weitere 12.000 € (4 %)	480 €	
alle weiteren Beträge (5 %)	1.600 €	
Steuermessbetrag	2.800 €	2.800 €

Tabelle 1: Gewerbeertragsgrenze für Personenunternehmen, vgl. Volb, (2007, S. 19 f.)

Für Kapitalgesellschaften führt die Senkung der Steuermesszahl von 5 % auf 3,5 % zu einer Steuersenkung.

Dieses Hauptkapitel ist in zwei weitere Unterkapitel gegliedert, in denen die Hinzurechnungen und Kürzungen der neuen Gewerbesteuerreform ausführlich erläutert werden.

2.1.1. Die neue 1/4 Regelung bei den Hinzurechnungen

Es wurden vier wesentliche Hinzurechnungen im neuen Gewerbesteuergesetz geändert. Es sind die Hinzurechnung von Schuldzinsen, Renten und dauernden Lasten,

---

[11] Vgl. Volb, Unternehmensteuerreform 2008, S. 19 f.

Gewinnanteilen von stillen Gesellschaftern sowie Miet- und Pachtzinsen für Wirtschaftsgüter des Anlagevermögens[12], die vorher im § 8 Nr. 1, 2, 3 und 7 GewStG geregelt waren. Diese wurden zu einer Hinzurechnung zusammengefasst, die im § 8 Nr. 1 a-e) GewStG zu finden ist. Zusätzlich werden, nach dem § 8 Nr. 1 f) GewStG, Aufwendungen für die Überlassung von Rechten hinzugerechnet. Der Gesetzestext beginnt mit „Ein Viertel der Summe aus"[13]:

a) Entgelten für Schulden;

b) Renten und dauernden Lasten;

c) Gewinnanteilen des stillen Gesellschafters;

d) 1/5 der Miet- und Pachtzinsen für die Benutzung von beweglichen Wirtschaftsgütern des Anlagevermögens;

e) 3/4 der Miet- und Pachtzinsen für die Benutzung der unbeweglichen Wirtschaftsgüter des Anlagevermögens;

f) 1/4 der Aufwendungen für die zeitliche Überlassung von Rechten.[14]

Ein Viertel der Summe aus den Punkten a-f) muss einen Freibetrag von 100.000 € übersteigen, damit eine Hinzurechnung überhaupt stattfindet. Dieser Freibetrag wird dazu benutzt kleine und mittelständische Betriebe zu entlasten.[15]

Entgelte für Schulden nach dem § 8 Nr. 1a) GewStG sind künftig nicht nur Entgelte für Dauerschulden sondern auch Entgelte für kurzfristige Schulden, die wirtschaftlich mit dem Betrieb zusammenhängen. Als Entgelt für Schulden gilt auch der Aufwand aus gewährten Skonti, die nicht dem gewöhnlichen Geschäftsverkehr entsprechen, und Diskontbeträge, die bei der Veräußerung von Wechsel- und anderen Geldforderungen entstehen. Als ein der Hinzurechnung unterliegender Diskontbetrag gelten veräußerte Forderungen, die aus schwebenden Vertragsverhältnissen stammen. Der Diskontbetrag ist die Differenz zwischen dem Veräußerungserlös und dem Nennwert der Forderung.[16] Die gewerbesteuerrechtlichen Hinzurechnungen von Zinsaufwen-

---

[12] „Wirtschaftsgüter des Anlagevermögens" vgl. BFH v. 30.03.1994 – I R 123/93, BStB 1994 II 810.

[13] G. vom 17. August 2007, BGBl I Nr. 40 2007, 1930.

[14] Vgl. G. vom 17. August 2007, BGBl I Nr. 40 2007, 1930.

[15] Vgl. BR-Drucks. 220/07, S. 134.

[16] Vgl. BR-Drucks. 220/07, S. 131 ff.

dungen, die Aufgrund der Zinsschranke gemäß § 4 h) EStG und § 8 a) KStG zu einem Abzugsverbot führen, werden als Entgelte für Schulden nicht berücksichtigt.[17]

Als Entgelt für Renten und dauernde Lasten gelten nach der neuen Fassung des Gewerbesteuergesetzes alle Renten und dauernden Lasten. Es handelt sich dabei um alle Renten, mit denen Wirtschaftsgüter angeschafft werden. Die Entgelte müssen nach der neuen Fassung nicht mehr mit der Gründung oder dem Erwerb des Betriebs zusammenhängen. Pensionszahlungen gelten nach § 8 Nr. 1 b) GewStG nicht als dauernde Lasten.[18]

Unter § 8 Nr. 1 c) GewStG fallen die Gewinnanteile des typisch stillen Gesellschafters. Es ist nicht mehr darauf zu achten, ob die Gewinnanteile des stillen Gesellschafters zu einer Gewerbesteuerpflicht.[19]

Laut § 8 Nr. 1 d) GewStG wird 1/5 der Miet- und Pachtzinsen für die Benutzung von beweglichen Wirtschaftsgütern des Anlagevermögens, die im Eigentum eines anderen stehen, hinzugerechnet. Nach der neuen Fassung ist nicht mehr zu prüfen, ob die Miet- und Pachtzinsen beim Vermieter der Gewerbesteuerpflicht unterliegen.[20]

Miet- und Pachtzinsen für die Benutzung von nicht beweglichen Wirtschaftsgütern des Anlagevermögens (insbesondere Grundstücke), die im Eigentum eines anderen stehen, werden nach § 8 Nr. 1 e) GewStG zu 3/4 hinzugerechnet.[21]

Zuletzt werden gemäß § 8 Nr. 1 f) GewStG 1/4 der Aufwendungen für die zeitlich befristete Überlassung von Rechten hinzugerechnet. Ist das Recht einer Lizenzvereinbarung ausschließlich auf eine Weiterveräußerung ausgelegt, wird diese nicht bei den Hinzurechnungen berücksichtigt.[22]

Die neuen Hinzurechnungen laut § 8 Nr. 1 GewStG können im Vergleich zur alten Regelung wie folgt dargestellt werden:

---

[17] Vgl. Ortmann-Babel/Zipfel, in Ernst & Young/BDI: Unternehmenssteuerreform 2008, S. 203 Rdnr. 356.

[18] Vgl. *Barth*, Unternehmenssteuerreform 2008, S. 34 Rdnr. 24.

[19] Vgl. Schultz-Assberg, in Preißer/von Rönn/Schultz-Assberg: Unternehmensteuerreform 2008, S. 96.

[20] Vgl. *Barth*, Unternehmenssteuerreform 2008, S. 34 Rdnr. 27.

[21] Vgl. *Barth*, Unternehmenssteuerreform 2008, S. 34 Rdnr. 28.

[22] Vgl. Ortmann-Babel/Zipfel, in Ernst & Young/BDI: Unternehmenssteuerreform 2008, S. 207 Rdnr. 372.

	Bisheriges Recht	Neues Recht
Entgelte für Schulden	50 %	25 % (=100 % x 1/4)
Renten und dauernde Lasten	100 %	25 % (=100 % x 1/4)
Gewinnanteile des stillen Gesell-schafters	100 %	25 % (=100 % x 1/4)
Miet- und Pachtzinsen bewegliche Wirtschaftsgüter	50 %	5 % (=20 % x 1/4)
Miet- und Pachtzinsen unbewegliche Wirtschaftsgüter	-	18,75 % (=75% x 1/4)
Überlassung von Rechten	-	6,25 % (=25% x 1/4)

Tabelle 2: Vergleich der Hinzurechnungsanteile, vgl. Volb (2007, S. 24)

Wie man anhand der obigen Tabelle sehen kann, sinken zwar die Anteile der jeweili-gen Hinzurechnung, jedoch werden die Hinzurechnungen um zwei Punkte erweitert. Es sind die Hinzurechnungen für die Miet- und Pachtzinsen für unbewegliche Wirt-schaftsgüter und für die Überlassungen von Rechten. Durch die Änderung der Ent-gelte für Schulden wird Factoring[23] unattraktiver, weil der Diskontbetrag der beim Verkauf einer Forderung entsteht nach der neuen Fassung des Gewerbesteuerge-setzes zu 1/4 in der Gewerbesteuer hinzugerechnet wird. Des Weiteren werden Sale-and-Lease-Back[24] Gestaltungen unattraktiver, weil sie nach der neuen Fassung ge-mäß § 8 Nr. 1 e) GewStG zu 3/4 in der Gewerbesteuer hinzugerechnet werden. Die-se Nachteile werden sich jedoch nur bei größeren Unternehmen auswirken, weil die

---

[23] „Factoring" [Beim Factoring wird eine Debitorenforderung an eine Factoringgesellschaft vorzeitig verkauft. Für diesen vorzeitigen Liquiditätszuwachs zahlt das Unternehmen an die Factoringgesell-schaft einen Diskont. Dieser lässt sich wie folgt berechnen: Forderung minus Forderungskaufpreis = Diskontbetrag].

[24] „Sale-and-Lease-Back" [Eine Finanzierungsform bei, der der Verkäufer z.B. ein Betriebsgebäude an eine Leasinggesellschaft verkauft und es von dieser wieder zurückleast].

kleinen und mittelständischen Betriebe durch den Freibetrag von 100.000 € entlastet werden.

2.1.2. Kürzungen

Bei den Kürzungen gemäß § 9 GewStG wurden zwei wesentliche Punkte geändert. Es betrifft die alte Fassung des § 9 Nr.1 und 4 GewStG.

Laut § 9 Nr. 1 GewStG findet eine Kürzung von 1,2 % des Einheitswertes[25] von einem zum Betriebsvermögen gehörendem Grundstück nur statt, wenn das Grundstück nicht von der Grundsteuer befreit ist. Der dafür maßgebende Einheitswert muss auf den letzten Feststellungszeitpunkt vor dem Ende des Erhebungszeitraumes lauten.

Da laut § 8 Nr. 1 d) GewStG es nicht mehr von Bedeutung ist ob die Miet- oder Pachtzinsen beim Vermieter der Gewerbesteuerpflicht unterliegen, wird der § 9 Nr. 4 GewStG aufgehoben.[26]

Diese Änderung bei den neuen Kürzungen ist jedoch nicht so gravierend, wie die neue 1/4 Regelung bei den Hinzurechnungen. Die Änderung des § 9 Nr. 4 GewStG ist nur eine logische Schlussfolgerung der Änderung im § 8 Nr. 1 d) GewStG. Die Änderung des § 9 Nr. 1 GewStG erscheint auch sinngemäß, weil durch die Grundsteuerbefreiung eines Unternehmens es zu keiner Doppelbesteuerung durch zwei Realsteuern kommt und dadurch ist eine Begünstigung durch eine Kürzung in der Gewerbesteuer nicht mehr nötig.

2.2. Weitere Änderungen und das Inkrafttreten der neuen Gewerbesteueränderungen

Des weiteren wurden Änderungen beim Verlustabzug (§ 10 a) GewStG) und bei den Vorauszahlungen (§ 19 GewStG) vorgenommen.

Im Gesetzestext heißt es, dass § 8 c) KStG auf die Regelungen des Verlustabzuges nach dem Gewerbesteuergesetz entsprechend anzuwenden ist.[27] Der § 8 c) KStG

---

[25] Vgl. § 121 a) BewG.
[26] Vgl. *Barth*, Unternehmenssteuerreform 2008, S. 34 Rdnr. 27.

neue Fassung ersetzt den § 8 Abs. 4 KStG alte Fassung (Mantelkaufregelung). Grundsätzlich wird ein Verlustvortrag unbeschränkt vorgetragen, außer es liegt ein Mantelkauf vor. Beim Mantelkauf kauft eine Gesellschaft z.b. Geschäftsanteile an einer Verlust-GmbH um die bestehenden Verluste mit den eigenen Gewinnen zu verrechnen. In der alten Fassung war dies durch den § 8 Abs. 4 KStG beschränkt und wird jetzt durch die neue Regelung im § 8 c) KStG modifiziert weitergeführt. Bei einer Anteilsübertragung auf **einen Erwerber** von über 50 % der Geschäftsanteile fällt der gesamte Verlustvortrag weg, bei einer Anteilsübertragung zwischen 25 % und 50 % fällt der Verlustvortrag anteilig weg und bei einer Anteilsübertragung bis zu 25 % bleibt der Verlustvortrag komplett bestehen. Hierbei werden alle Anteilsübertragungen innerhalb eines Zeitraums von **5 Jahren** betrachtet.[28] Siehe hierzu folgendes Schaubild:

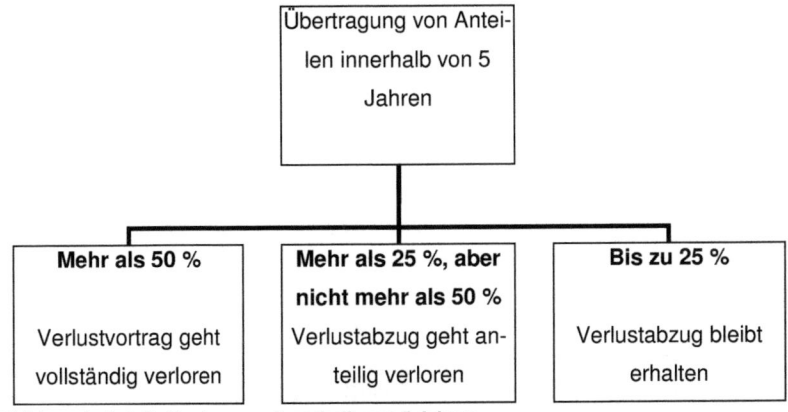

Abbildung 1: Anteilsübertragung innerhalb von 5 Jahren

Im § 19 GewStG werden die Gewerbesteuer-Vorauszahlungen geregelt, welche einmal im viertel Jahr an die Gemeinden zu entrichten sind. Die neuen Minderungen und Erhöhungen nach dem Unternehmensteuergesetz sind schon bereits für die Gewerbesteuer-Vorauszahlungen 2008 zu berücksichtigen. Dies gilt jedoch nur für Steuerpflichtige, die ihren Gewinn durch Bestandsvergleich ermitteln.[29]

---

[27] Vgl. BR-Drucks. 220/07, S. 134 f.

[28] Vgl. Winkler/Dieterlen, in Ernst & Young/BDI: Unternehmenssteuerreform 2008, S. 153ff.

[29] Vgl. BR-Drucks. 220/07, S. 135.

Die Änderungen der neuen Gewerbesteuer treten ab Erhebungszeitraum 2008 in kraft und es besteht kein Übergangszeitraum.[30]

2.3. Vor- und Nachteile der neuen Gewerbesteuerreform und ein Praxisbeispiel

Abschließend werden Vor- und Nachteile der neuen Gewerbesteuerreform in einer Tabelle dargestellt und es folgt noch ein Praxisbeispiel um die Änderungen der Gewerbesteuerreform zu verdeutlichen.

Vorteile	Nachteile
Kleinbetriebe, bei denen der Hinzurechnungsfreibetrag von 100.000 € nicht überschritten wird, haben nichts mehr mit Hinzurechnungen zu tun.	Unternehmen mit hohen kurzfristigen Schulden müssen mit einer 25 %-igen Hinzurechnung der Zinsen rechnen.
Bei Betrieben mit hohen Dauerschuldzinsen und niedrigeren kurzfristigen Schulden werden nur noch 25 % statt 50 % hinzugerechnet.	Zinsanteile in Leasingraten werden hinzugerechnet auch wenn der Leasinggeber der Gewerbesteuerpflicht unterliegt, jedoch nur mit 5 % (1/4 von 20 %).
Die Gewinnanteile des stillen Gesellschafters werden nur noch mit 25 % statt den vollen 100 % hinzugerechnet.	Gründstückspacht wird ab dem Veranlagungszeitraum 2008 mit 18,75 % (1/4 von 75 %) der Grundstückspacht hinzugerechnet.
	Renten und dauernde Lasten müssen für eine Hinzurechnung nicht mehr mit der Gründung oder dem Erwerb des Betriebs zusammenhängen.

Tabelle 3: Vor- und Nachteile der neuen Gewerbesteuerreform

---

[30] Vgl. Schultz-Assberg, in Preißer/von Rönn/Schultz-Assberg: Unternehmensteuerreform 2008, S. 93.

Praxisbeispiel

Die WP-OHG hat im Wirtschaftsjahr einen Gewinn von 150.000 € erwirtschaftet. Es sind unter anderem folgende Kosten angefallen:

Kurzfristige Zinsen (Kontokorrent)	35.000 €
Langfristige Zinsen	28.000 €
Miete für das Geschäftsgebäude	48.000 €
Leasingfahrzeug (Leasinggeber gewerbesteuerpflichtig)	18.000 €
Lizenzgebühr für ein EDV-Programm	8.000 €

Wie hoch sind die Gewerbeerträge und die Steuermessbeträge für die Veranlagungszeiträume 2007 und 2008?

	2007	2008
Gewinn	150.000 €	150.000 €
Hinzurechnungen		
kurzfristige Zinsen	0 €	35.000 €
langfristige Zinsen	28.000 €x1/2=14.000 €	28.000 €
Miete	0 €	48.000 €x3/4=36.000 €
Leasingentgelt	18.000 €x1/2=9.000 €	18.000 €x1/5=3.600 €
Lizenzgebühr	0 €	8.000 €x1/4=2.000 €
=Summe	23.000 €	104.600 €
./. Freibetrag		./. 100.000 €
= übersteigender Betrag	..	4.600 €
x 1/4		1.150 €
Gewerbeertrag	173.000 €	151.150 €
./. Freibetrag	./. 24.500 €	./. 24.500 €

gekürzter Gewerbeertrag	148.500 €	126.650 €
Steuermesszahl		3,5 %
ersten 12.000 € (1 %)	120 €	
weitere 12.000 € (2 %)	240 €	
weitere 12.000 € (3 %)	360 €	
weitere 12.000 € (4 %)	480 €	
alle weitere Beträge (5 %)	5.025 €	
Steuermessbetrag	6.225 €	4.432,75 €

Tabelle 4: Berechnung Gewerbeertrag und Steuermessbetrag 2007/2008

Dieses Beispiel verdeutlicht, dass durch die neuen Gewerbesteueränderungen die kleinen und mittelständischen Unternehmen gefördert werden. Dies geschieht vor allem durch den neuen Freibetrag von 100.000 €, denn statt einer Hinzurechnung von 23.000 € (2007) ist es nur noch eine Hinzurechnung 1.150 € (2008).

3. Die steuerliche Behandlung der Gewerbesteuer im Einkommensteuergesetz

Neben den Änderungen im Gewerbesteuergesetz wurden auch Änderungen im Einkommensteuergesetz vorgenommen. Diese betreffen den § 4 Abs. 5 b) EStG und den § 35 EStG. Im § 4 Abs. 5 b) EStG wurde die Abzugsfähigkeit der Gewerbesteuer geändert. Durch den § 35 EStG soll vermieden werden, dass die Gewerbesteuer zu einer Doppelbesteuerung bei Personenunternehmen führt.

3.1. Abzugsfähigkeit der Gewerbesteuer

Die Abschaffung der Abzugsfähigkeit der Gewerbesteuer soll zu einer verbesserten Steuerbelastungstransparenz führen [31]und dient zugleich als Gegenfinanzierung für die Senkung des nominalen Steuersatzes[32]. Zurzeit fließt die Gewerbesteuer in die eigene Bemessungsgrundlage als Betriebsausgabe mit ein. Dies führt zu komplizierten Berechnungen und es ist nicht Belastungstransparent, d.h. man kann nicht erkennen wie hoch die tatsächliche Gewerbesteuerzahllast ist, weil sie als Betriebsausgabe in der eigenen Bemessungsgrundlage berücksichtigt wird.[33]

Durch den Wegfall der Abzugsfähigkeit der Gewerbesteuer als Betriebsausgabe soll sichergestellt werden, dass die Gesamtsteuerbelastung durch einfache Addition der einzelnen Steuerarten (Körperschaft- bzw. Einkommensteuer und Gewerbesteuer) ermittelt werden kann. Die Zinsen auf die Gewerbesteuer sind ebenso nicht mehr als Betriebsausgabe abzugsfähig.

Im Gesetzestext heißt es „Die Gewerbesteuer und die darauf entfallenden Nebenleistungen sind keine Betriebsausgaben.".[34] Fraglich bei dieser Formulierung ist jedoch was die Gewerbesteuer und ihre Nebenleistungen jetzt darstellen, wenn es keine Betriebsausgaben mehr sind. Da die Gewerbesteuer keine Betriebsausgabe mehr ist, müsste Sie als eine Art Privatentnahme behandelt werden. Dies ist jedoch bei Kapitalgesellschaften schwer umzusetzen, weil die Auszahlung der Gewerbesteuer bei Kapitalgesellschaften, durch den mangelnden betrieblichen Zusammenhang, zu

---

[31] Vgl. BR-Drucks. 220/07, S. 75.

[32] Vgl. BR-Drucks. 220/07, S. 59.

[33] Vgl. BR-Drucks. 220/07, S. 75.

[34] G. vom 17. August 2007, BGBl I Nr. 40 2007, 1913.

einer verdeckten Gewinnausschüttung[35] führen würde.[36] Eigentlich müsste es doch heißen „nicht abzugsfähige Betriebsausgaben". Somit wäre die Gewerbesteuer eine Betriebsausgabe, d.h. es besteht ein betrieblicher Zusammenhang, jedoch ist diese nicht abzugsfähig und mindert nicht den Gewinn des Unternehmens. Bei dieser Art der Formulierung des Gesetzestextes, wird es noch Erklärungsbedarf bezüglich der Definition des Begriffs „keine Betriebsausgabe" vom Gesetzgeber erfordern.

3.2. Anrechnung der Gewerbesteuer auf die Einkommensteuer (§ 35 EStG)

Durch die Steuerermäßigung im § 35 EStG wird versucht eine Doppelbesteuerung bei Personenunternehmen durch die Gewerbesteuer zu vermeiden.

Nach der alten Rechtssprechung geschah dies in dem das 1,8 fache des Gewerbesteuermessbetrages von der Einkommensteuer abgezogen wurde. Bei einem Spitzensteuersatz von 42 % der Einkommensteuer und einem Gewerbesteuerhebesatz von 341 % führte diese Steuerermäßigung zu einer kompletten Entlastung der Gewerbesteuer.[37]

Da die Gewerbesteuer nach dem neuen Unternehmensteuerreformgesetz gemäß § 5 Abs. 5 b) EStG nicht mehr abzugsfähig ist, musste auch dementsprechend der Anrechnungsfaktor, mit dem die Gewerbesteuer auf die Einkommensteuer angerechnet wird, erhöht werden. Der Anrechnungsfaktor wurde nach der neuen Unternehmensteuerreform von 1,8 auf 3,8 erhöht. Somit besteht bei einem Spitzensteuersatz von 45 % der Einkommensteuer und einem Gewerbesteuerhebesatz von 400 % eine vollständige Entlastung der Gewerbesteuer.[38]

Es wird das 3,8fache des Gewerbesteuermessbetrages oder eine Steuerermäßigung gemessen an der tatsächlich zu zahlenden Gewerbesteuer als Steuerermäßigung verwendet. Bei einer Mitunternehmerschaft muss deshalb ab dem Veranlagungszeit-

---

[35] „verdeckte Gewinnausschüttung" [Der Begriff kommt aus dem Körperschaftsteuergesetz und stellt eine Vermögensminderung bzw. eine verhinderte Vermögensmehrung, die durch eine Zuwendung der Gesellschaft an einen Gesellschafter entsteht, dar. Diese darf jedoch nicht das Einkommen der Gesellschaft mindern].

[36] Vgl. *Volb*, Unternehmenssteuerreform 2008, S. 35.

[37] Vgl. BR-Drucks. 220/07, S. 105.

[38] Vgl. BR-Drucks. 220/07, S. 105.

raum 2008 der Gewerbesteuermessbetrag und die tatsächlich zu zahlende Gewerbesteuer gesondert und einheitlich festegestellt werden. Bisher wurde nur der Gewerbesteuermessbetrag gesondert und einheitlich festgestellt. Die Änderung, dass
jetzt auch die zu zahlende Gewerbesteuer gesondert und einheitlich festgestellt werden muss, führt zu einem erhöhten Bürokratieaufwand bei den Unternehmen bzw.
deren Steuerberatern und der Finanzverwaltung. Außerdem werden Unternehmen,
die einen Hebesatz unter dem durchschnittlichen Hebesatz von 400 % haben, nicht
bevorzugt behandelt, da sich die Steuerermäßigung an der gezahlten Gewerbesteuer orientiert. Jedoch werden Unternehmen, die über dem durchschnittlichen Hebesatz von 400 % liegen, nicht vollkommen entlastet.[39]

4. Die steigende Bedeutung der Gewerbesteuer im Vergleich zur Körperschaftsteuer

Nach der neuen Unternehmensteuerreform gewinnt die Gewerbesteuer an Bedeutung im Vergleich zur Körperschaftsteuer. Nach altem Steuerrecht lag die Gesamtsteuerbelastung bei 38,646 % (Körperschaftsteuer 25 % zuzüglich Solidaritätszuschlag von 5,5 % und Gewerbesteuer bei einer Steuermesszahl von 5 % und einem
Hebesatz von 400 %). Diese wurde nach dem neuen Steuerrecht auf 29,825 % gesenkt.[40] Dies ist darauf zurückzuführen, dass der Körperschaftsteuersatz von 25 %
auf 15 %, die Steuermesszahl bei Körperschaften auf 3,5 % gesenkt worden sind
und die Abzugsfähigkeit der Gewerbesteuer weggefallen ist.[41] Durch die folgende
Tabelle mit Beispielzahlen soll das ganze anschaulicher gemacht werden.

	2007	2008
Gewinn vor KSt und GewSt	100.000 €	100.000 €
./. GewSt 2007: 100.000 € x 5 % x 400 % x 5/6	./. 16.667 €	

---

[39] Vgl. BR-Drucks. 220/07, S. 105.

[40] Vgl. Ortmann-Babel/Zipfel, in Ernst & Young/BDI: Unternehmenssteuerreform 2008, S. 72f Rdnr. 7.

[41] Vgl. BR-Drucks. 220/07, S. 53.

2008: 100.000 € x 3,5 % x 400 %		./. 14.000 €
Gewinn vor Abzug der KSt, aber nach GewSt	83.333 €	86.000 €
./. KSt 2007: 83.333 € x 25 % 2008: **100.000 €** x 15 %	./. 20.833 €	./. 15.000 €
./. SolZ (5,5 % zur jeweiligen KSt)	./. 1.146 €	./. 825 €
Gewinn nach Steuern	61.354 €	70.175 €
Steuerbelastung insgesamt	38.646 €	29.825 €

Tabelle 5: Gesamtbelastungsvergleich 2007/2008

Bei beiden Berechnungen im Jahr 2007 und 2008 wurde mit einem von der Bundesregierung durchschnittlich ermittelten Hebesatz von 400 % gerechnet. Im Jahr 2007 wurde mit einer Steuermesszahl bei Kapitalgesellschaften von 5 % und einem Körperschaftsteuersatz von 25 % gerechnet. Bei der Gewerbesteuer wurde die 5/6 Methode[42] angewandt. Diese berücksichtigt die Abzugsfähigkeit der Gewerbesteuer um auf die tatsächlich zu zahlende Gewerbesteuerzahllast zu kommen. Im Jahr 2008 wurde mit einer Steuermesszahl von 3,5 % und einem Körperschaftsteuersatz von 15 % gerechnet. Des Weiteren wurde die nicht Abzugsfähigkeit der Gewerbesteuer bei der Berechnung der Körperschaftsteuer berücksichtigt. Anhand der Berechnung sieht man, dass die Gesamtsteuerbelastung und damit auch der nominale Steuersatz von 38,646 % auf 29,825 % gesunken sind. Außerdem sieht man anhand dieses Beispiels, dass die Gewerbesteuer im vergleich zur Körperschaftsteuer an Bedeutung gewinnt. Im Jahr 2008 beträgt die Differenz zwischen der Gewerbe- und der Körperschaftsteuer nur noch 1 %. Bei Unternehmen mit hohen Hinzurechnungen und einem höheren als den durchschnittlichen Hebesatz gewinnt die Gewerbesteuer sogar noch mehr an Bedeutung. Bei einem Hebesatz von z.B. 450 % bei der Stadt Bonn hätte

---

[42] „5/6 Methode" [Die 5/6 Methode ist eine Rechenmethode zur Ermittlung der Gewerbesteuer, wobei die Abzugsfähigkeit der Gewerbesteuer als Betriebsausgabe mitberücksichtigt wird].

16

die Gewerbesteuer eine noch höhere Bedeutung gegenüber der Körperschaftsteuer. In dem Fall wäre die Gewerbesteuer, dann sogar höher als die Körperschaftsteuer. Zusammenfassend lässt sich sagen, dass in Zukunft die Unternehmen noch mehr auf die Gewerbesteuer und Ihre Hebesätze achten werden.

5. Schluss

Die Unternehmensteuerreform fördert die kleinen und mittelständischen Unternehmen durch den Hinzurechnungsfreibetrag von 100.000 €. Sie haben dadurch bis zum Freibetrag nichts mit Hinzurechnungen zu tun. Alle anderen Unternehmen, die über den Freibetrag kommen, müssen sich mit den neuen Gewerbesteueränderungen befassen. Manche dieser Änderungen sind nach der neuen Unternehmensteuerreform komplizierter und manche einfacher geworden.

Jedoch sind kleine und mittelständische Unternehmen, die einen Gewerbeertrag unter 104.500 € haben, benachteiligt. Diese Unternehmen haben zukünftig eine höhere Gewerbesteuerzahllast [siehe 2.1. Gewerbeertrag].

Nach der neuen Unternehmensteuerreform hat sich auf jeden Fall der Bürokratieaufwand deutlich erhöht. Es wurden 40 neue Informationspflichten eingeführt, von denen nur 10 begünstigender Art sind. Außerdem wurden 5 bestehende Informationspflichten vereinfacht und 3 abgeschafft. Diese sind jedoch nur ein Bruchteil aller Informationspflichten. Somit kann man sagen, dass sich der Bürokratieaufwand erhöht hat.[43]

---

[43] Vgl. BR-Drucks. 220/07, S. 61.

Literaturverzeichnis

Volb [2007]:

Unternehmensteuerreform 2008, 1. Auflage, Hamm, 2007.

Ernst & Young/BDI [2007]:

Unternehmensteuerreform 2008, 1. Auflage, Bonn, 2007.

Barth [2008]:

Unternehmensteuerreform 2008, 1. Auflage, Baden-Baden, 2008.

Preißer/von Rönn/Schultz-Assberg [2007]:

Unternehmensteuerreform 2008, 1. Auflage, Freiburg, 2007.

BEI GRIN MACHT SICH IHR WISSEN BEZAHLT

- Wir veröffentlichen Ihre Hausarbeit,
  Bachelor- und Masterarbeit

- Ihr eigenes eBook und Buch -
  weltweit in allen wichtigen Shops

- Verdienen Sie an jedem Verkauf

Jetzt bei www.GRIN.com hochladen
und kostenlos publizieren